A História de Nossa Senhora Aparecida

autora
Goretti Dias

ilustradora
Veruschka Guerra

Direção editorial: Pe. Fábio Evaristo R. Silva, C.Ss.R.
Pe. José Luís Queimado, C.Ss.R.
Coordenação editorial e revisão: Ana Lúcia de Castro Leite
Diagramação e capa: Mauricio Pereira
Ilustração: Veruschka Guerra

Dados Internacionais de Catalogação na Publicação (CIP) de acordo com ISBD

D541h Dias, Goretti

A história de Nossa Senhora Aparecida / Goretti Dias ; ilustrado por Veruschka Guerra. - Aparecida : Editora Santuário, 2022.
72 p. ; 17cm x 17cm.

ISBN: 978-65-5527-253-6

1. Biografia. 2. Religião. 3. Cristianismo. 4. Nossa Senhora Aparecida. I. Guerra, Veruschka. II. Título.

2022-2920 CDD 920
CDU 929

Elaborado por Vagner Rodolfo da Silva - CRB-8/9410

Índice para catálogo sistemático:
1. Biografia 920
2. Biografia 929

4ª impressão

Rua Pe. Claro Monteiro, 342 – 12570-045 – Aparecida-SP
Tel.: 12 3104-2000 – Televendas: 0800 - 0 16 00 04
www.editorasantuario.com.br
vendas@editorasantuario.com.br

A minha filha Marcela Dias.
A todas as crianças, em especial,
aos devotos de Nossa Senhora Aparecida.

Agradecimento

Ao padre Victor Hugo Lapenta, missionário redentorista, por sua dedicação, ao acompanhar e orientar cada fase deste trabalho.

Prefácio

Dizem que as crianças entendem tudo ao pé da letra, hoje eu confirmo.

Quando me contaram pela primeira vez a história de Nossa Senhora Aparecida, eu ainda era criança. Fiquei encantada a cada descoberta, porém, a frase que dizia que ela nos protege com seu manto de amor, guardei para sempre em meu coração!

Certa noite, sentindo muito medo, eu não conseguia dormir.

Em vez de acordar os adultos, resolvi rezar. Foi então que, pelo vidro da janela, a lua clareou meu quarto, convidando-me a ver que o céu estava todo pintado de azul marinho e bordado com inúmeras estrelas brilhantes, como o manto da Mãe de Jesus.

Ah, que felicidade!

Aos poucos, fui perdendo o medo, pois entendi que, além de mim, meu lar, minha cidade, meu país, o mundo inteiro estavam sob a proteção do imenso manto de Nossa Senhora, por isso eu poderia voltar para cama e dormir sossegada.

Na manhã seguinte, corri para a janela, certa de que a santa mãezinha continuava lá, e percebi que ela havia trocado seu véu por outro bem mais claro, certamente para que pudéssemos ver o mundo colorido que Deus criou.

Vamos espalhar essa história para todas as crianças? Que tal contar para elas que todos os nossos medos podem ser destruídos, por meio da fé, das cores e da oração?

Conto com você.

Goretti Dias

Essa história começou há muito tempo

Na cidade de Nazaré, vivia uma linda jovem, de coração muito amoroso, sem pecados e obediente a Deus.

Seu nome era Maria, Maria de Nazaré.

Certo dia, Deus lhe enviou um anjo, chamado Gabriel, para dar a melhor de todas as notícias que o mundo poderia receber!

O anjo do Senhor disse a Maria de Nazaré que ela havia sido escolhida para ser a mãe de Jesus, o Filho de Deus!

Maria ficou tão emocionada, tão feliz, que imediatamente respondeu:

– Sim, eu aceito ser a mãe do Salvador!

A partir desse sim de Maria, a história da humanidade começou a mudar, pois Jesus, com seus ensinamentos, veio transformar nossa vida e revelar o caminho que nos conduz a Deus.

Desde que o menino Jesus nasceu, Maria o protegeu, acompanhou e educou, com todo o amor e com toda a fé.

Ela sentia, em seu coração, que seu filho teria uma grande missão e seria muito amado pelas pessoas, porém seria procurado e maltratado pelos poderosos e mentirosos, perseguidores da Luz e da Verdade.

Jesus começou a ser perseguido desde que nasceu, quando o rei Herodes temeu que, como Filho de Deus, um dia, ele quisesse tomar seu trono.

Esse rei Herodes era mesmo um tolo!

O Filho de Deus já nasceu rei, não de pedaços de terra, mas de um grande céu, do Reino de Deus, tornando Maria sua mãe e rainha.

Maria nunca deixou de acompanhar Jesus, por onde quer que ele fosse!

Ao lado de seu filho, Maria viveu muitos momentos felizes, como na cidade de Caná, quando, durante uma festa de casamento, faltou vinho para os convidados e, a seu pedido, Jesus realizou seu primeiro milagre, transformando a água em vinho.

Mas a mãe do salvador também assistiu a todo o seu sofrimento, sua crucificação e morte, sentindo a maior dor que uma mãe pode sentir em toda a sua vida.

E foi na cruz que Jesus revelou a Maria sua grande missão!

Ele disse que a partir daquele momento ela passaria a ser a mãe de todos nós, na terra e no céu.

Maria, mãe, rainha, amorosa, protetora, conhecedora das grandes alegrias e das grandes tristezas de nosso coração, aceitou sua missão e, até hoje, realiza essa tarefa com muito amor!

Ela abraça todos nós como seus filhos e deseja fazer a cada um tudo o que fez a Jesus.

Maria de Nazaré, até hoje, ao perceber nossas necessidades, pede a Deus por um milagre, da mesma forma que pediu a Jesus que transformasse a água em vinho, durante a festa de casamento em Caná.

Sabe o melhor?

Ele continua fazendo milagres, quando ela pede!

O olhar de Maria de Nazaré sobre nosso país

Houve um tempo, aqui no Brasil, em que as pessoas estavam sofrendo muitas injustiças, principalmente, por causa da escravidão.

Elas andavam muito divididas entre ricos e pobres, pessoas com fé e sem fé, livres e escravos.

Era uma época em que pessoas negras, vindas da África, eram aprisionadas, separadas de suas famílias, vendidas como objetos, aos senhores ricos e donos de terras, forçadas a trabalhos pesados, sem ter direito a nada, sendo maltratadas e sofrendo dores e humilhações até a morte.

Do céu, Nossa Senhora recebeu dessa gente inúmeros pedidos de ajuda e proteção, principalmente por parte dos escravos, que era o povo mais sofrido.

Foi então que Nossa Mãe Maria procurou uma forma de demonstrar a seus filhos amados que havia escutado suas preces, que os ajudaria e apoiaria.

Ela percebeu que no fundo de um rio havia uma imagem sua enegrecida, da mesma cor da pele de seus filhos escravos, e partida, assim como estava o coração de sua gente.

Por isso escolheu aquela pequena imagem no fundo do rio para representá-la e tocar o coração de todo o povo brasileiro. A partir daí, começou essa história de amor entre Nossa Senhora Aparecida e seus filhos do Brasil!

O Encontro

Exatamente em 1717, tempo dos nossos antepassados, no estado de São Paulo, às margens do rio Paraíba do Sul, havia um vilarejo, onde moravam pessoas muito simples e de muita fé, que viviam, em sua maioria, da pesca.

Em uma manhã diferente, parecia que todos os moradores daquele lugar tinham resolvido brincar de telefone sem fio.

Nas calçadas, as crianças diziam de orelha a orelha:

– O governador vai chegar!

Os adultos cochichavam da mesma forma, dizendo:

– O governador Assumar por aqui vai passar!

Porém, para os adultos, essa notícia não era tão boa assim. Era mesmo de arrepiar!

A fama do governador era a de que se tratava de um homem de coração duro, malvado, que detestava ser contrariado!

Em uma de suas viagens, comentou que quando fosse passar pelo vilarejo, no Vale do Paraíba, desejava que lhe servissem peixes, no café da manhã, no almoço e no jantar, para ele e para todo o pessoal que o acompanhava.

Essa notícia deixou todos os moradores apavorados, principalmente os pescadores, pois sabiam que o rio não dava peixes o ano inteiro e aquele era um período de baixa temporada para pescar.

Mesmo assim, por medo do que poderia acontecer, Domingos Garcia, João Alves e Felipe Pedroso, três pescadores experientes e de muita fé, entraram com suas canoas nas águas do rio e jogaram suas redes, rezando para que esse governador demorasse a chegar.

Tentaram várias vezes, sem sequer um peixinho fisgar!

Nossa Senhora, que do céu a tudo assistia, enviou seu primeiro sinal de proteção!

Foi quando, de repente, João Alves percebeu algo leve e estranho, preso a sua rede.

– Olhem isso, é o corpo da imagem de Nossa Senhora da Conceição!

– O barro dela está todo escurecido e está faltando a cabeça, disse Domingos, chamando a atenção para o ocorrido.

Os pescadores deixaram aquele corpo quebrado da imagem em uma das canoas. Logo abaixo, jogaram novamente as redes e, ao puxarem de volta, encontraram a cabeça, que se encaixava direitinho no corpo da santinha.

Felipe foi logo se ajoelhando e dizendo:

– Isso é mesmo um sinal de Nossa Senhora, enviando sua proteção!

Com fé, jogaram mais uma vez suas redes nas águas limpas do Paraíba, e dessa vez milhares de peixes saltaram diante dos olhos admirados dos pescadores.

– Milagre, milagre, gritaram os pescadores. É Deus nos avisando que enviou Nossa Senhora, Mãe de Jesus, para nossa proteção!

Chegando ao vilarejo, com suas canoas cheias de peixes e a imagem quebrada na mão, a notícia logo se espalhou por toda a região.

Em princípio, a pequena imagem de Nossa Senhora da Conceição Aparecida foi levada para a casa de Felipe Pedroso, que colou a cabeça ao corpo, colocou-a em um altar e abriu as portas de sua casa para receber toda a vizinhança, que estava ansiosa.

Com o tempo, começaram a surgir várias histórias sobre a proteção de Nossa Senhora, fazendo com que o povo brasileiro conseguisse perceber sua invisível presença em diferentes lugares.

As notícias foram se espalhando, atraindo pessoas que vinham de toda a redondeza, para ver de perto a imagem encontrada nas águas do rio.

A casa do pescador foi ficando pequena para tanta gente, a ponto de ser necessário construir uma capelinha para colocar a imagem, depois uma igrejinha, seguida de uma Basílica.

Hoje, a imagem de Nossa Senhora Aparecida está abrigada no Santuário Nacional de Aparecida, que anualmente recebe multidões.

Por falar em multidões, um dos momentos mais festivo para o povo brasileiro foi a proclamação de Nossa Senhora como Padroeira do Brasil, ou seja, a protetora especial de nosso país!

Que dia maravilhoso!

Maria de Nazaré trouxe ao Brasil uma nova esperança, e a boa notícia é que essa história não acabou nem acabará aqui, pois a graça e a proteção da mãezinha querida continuam se derramando todos os dias em nossa vida.

Nós somos filhos e herdeiros do maior amor de mãe do mundo!

Ah, quanto ao governador Assumar, quem diria, ao chegar ao vilarejo, foi recebido com muitos aplausos e honrarias!

Para sua satisfação, comeu peixe em suas três refeições, tomou muito vinho e comentou que nunca tinha visto um povo tão simples viver com tanta grandeza, alegria e dedicação.

Mais histórias de amor de
Nossa Senhora Aparecida

As luzes do altar

Atanásio, filho de Felipe Pedroso, construiu ao lado de sua casa um pequeno oratório, com altar de madeira, para Nossa Senhora Aparecida. Ali, muitas famílias se reuniam para rezar.

Certa noite, quando as famílias estavam rezando, sem ocorrer um vento sequer, de repente, todas as velas do altar se apagaram, de uma só vez.

Nossa Senhora do Céu!

Silvana da Rocha, que cuidava do oratório, correu para acendê-las, porém, antes que chegasse ao altar, todas as velas se acenderam novamente.

Espantados, todos que viram o acontecimento gritaram:

- Milagre! Milagre!

Os milagres podem acontecer assim, de forma extraordinária, como também por meio de movimentos pequenos, leves e simples do Senhor.

O importante é sabermos que todos eles contêm ensinamentos que nos acompanham para a vida toda e que acontecem todos os dias no mundo inteiro!

Então, ao conhecer as histórias sobre os milagres de Deus, por intercessão de Nossa Senhora Aparecida, não fique achando que são apenas histórias do passado, procure perceber o que eles nos ensinam para os dias de hoje.

Combinado?

Em busca de liberdade

Certo dia, um escravo chamado Zacarias fugiu da senzala, em busca de sua liberdade.

Os capatazes da fazenda saíram à sua procura, e foi exatamente próximo ao rio Paraíba que conseguiram encontrá-lo.

Acorrentaram Zacarias pelo pescoço, pelos pés e pelas mãos, para entregá-lo a seu dono.

No caminho de volta ao cativeiro, passaram em frente à capela dedicada a Nossa Senhora Aparecida.

A imagem enegrecida dava a Zacarias a certeza de que Nossa Senhora intercederia por ele e por todo o seu povo escravizado.

O escravo implorou para que os capatazes parassem e o deixassem entrar na capela, para rezar aos pés da imagem da santinha, pedindo a ela socorro, pois sabia que, quando fosse entregue a seu dono, iria sofrer muito.

Certamente, já tocados pelo amor de Nossa Senhora, os capatazes permitiram que o escravo entrasse na capelinha e fizesse sua oração.

Tão logo Zacarias se ajoelhou diante do altar, com tamanha fé, suas correntes se abriram e caíram ao chão, deixando o escravo completamente livre.

Todos que viram o milagre ficaram admirados.

A partir daí, Zacarias foi libertado por seu senhor, que logo entendeu o recado da santa mãe.

Foi assim que Nossa Senhora, mais uma vez, intercedeu por seu filho, e nosso Pai do céu atendeu seu pedido!

Zacarias, além de se tornar um homem livre, ficou conhecido como o escravo liberto por Nossa Senhora Aparecida.

Uma paradinha para a primeira reflexão... Olhe bem para seu coração!

Perceba se dentro dele tem algum sentimento escondido, que não está lhe fazendo bem.

Se houver, está na hora de fazer sua oração e pedir a Nossa Mãezinha do Céu para ajudá-lo a libertar esse sentimento.

Nossa Senhora protege os pequeninos

Os pais do pequeno Marcelino moravam às margens do rio Paraíba. Seu pai era barqueiro, atravessava as pessoas de uma margem à outra do rio. Em uma manhã ensolarada, Marcelino estava brincando no barco do pai, próximo às margens do rio, quando distraidamente caiu no rio, sendo levado rapidamente pela correnteza.

Sua mãe e sua irmã, vendo-o nessa situação, ajoelharam e pediram que Nossa Senhora intercedesse pelo menino, para que ele não se afogasse.

Nesse momento, o garotinho ficou parado, em meio às águas, e sentiu como se as mãos da santa mãezinha estivessem segurando-o pelas costas, fazendo com que seu pai pudesse alcançá-lo.

E foi assim que tudo aconteceu.

Pai e filho se encontraram e se abraçaram com muito amor e gratidão à Santa Mãe Aparecida!

Ao voltarem para casa, contaram essa história a todos os amigos pescadores, que, por sua vez, espalharam a notícia a outros amigos da região, aumentando a fé em Nossa Senhora e a certeza de sua proteção.

Atenção, atenção!

O que fez Marcelino cair na correnteza?

O que, além da correnteza de um rio, pode afastá-lo de seus pais?

E de Deus Pai?

Converse sobre isso com as pessoas de sua família.

Fica a dica!

A confiança do caçador

Era manhã quando Tiago Terra, um caçador conhecido na região, saiu de casa a trabalho, levando consigo seu rifle e muita determinação.

Passou o dia na floresta adentro, atirando para todos os lados, sem nada caçar.

Quando já estava cansado, sem munição, e voltava para casa, foi surpreendido pelo aparecimento de uma onça, que, de boca aberta e olhos fixos nele, percebeu que estava diante de uma deliciosa refeição.

- Socorro, socorro, gritou o pobre homem!

Mas ninguém o escutou.

Trêmulo, já se dando por vencido, Tiago se ajoelhou e entregou sua vida nas mãos de Nossa Senhora Aparecida.

Em resposta a sua entrega, a doce Mãe do Céu ofereceu sua proteção, fazendo com que a onça desse meia-volta e desistisse de sua presa, tomando outra direção.

- Milagre, milagre, milagre!

Os gritos se repetiram por tanto tempo, que essa história passou a ser contada por todos os moradores do vale, o que aumentou mil vezes mais o número de romeiros por toda a região.

Sobre o assunto...

Todas as pessoas sentem medo.

Medos pequenos, grandes, reais ou imaginários, não importa o tipo de medo!

O importante é saber quais são seus medos e a quem buscar na hora de enfrentá-los.

Pense bem!

A alegria da fé

Dona Gertrudes era uma senhora muito pobre, que morava em Jaboticabal, uma cidade bem distante da cidade de Aparecida.

Ela tinha uma filha que desde que nasceu não enxergava nadinha!

Pois bem, essa garotinha cega era uma menina de muita fé e sempre que ouvia as histórias sobre Nossa Senhora Aparecida insistia para que sua mãe a levasse até a igreja, onde se encontrava a imagem da santinha.

Certa vez, Dona Gertrudes resolveu fazer a vontade da menina.

Apesar da distância, sem ter dinheiro e sabendo dos perigos do caminho, resolveram ir a pé até a cidade de Aparecida.

A fé era tão grande que todos esses obstáculos não foram suficientes para tirar-lhes a alegria. Mãe e filha cantavam como dois passarinhos, dia e noite, noite e dia.

Mas a resposta ao pedido de Nossa Senhora foi ainda mais surpreendente!

Antes de chegarem ao local, a menina parou, calou e com olhos brilhantes e admirados disse:

- Mãe, será que aquela é a igreja de Nossa Senhora Aparecida?

Espantada com o que estava acontecendo, Dona Gertrudes foi logo respondendo:

- Santa Mãe do céu, minha filha está enxergando, ela acaba de receber o maior presente de sua vida!

As pessoas que estavam por perto, e que a tudo assistiram, fizeram tanta festa que em torno da menina logo se formou uma multidão.

Vibrando, a garotinha, aos pulos, gritou agradecida:

– Obrigada, meu Deus, obrigada, Nossa Senhora, por minha visão!

– Viva Nossa Senhora Aparecida, Nossa Senhora da Conceição!

Qual é o segredo?

Essa história nos apresenta três personagens: Nossa Senhora Aparecida, Dona Gertrudes e sua filha.

Mas há um elemento invisível, como um laço que une fortemente todas as três!

Que laço é este?

Descubra-o.

O arrependimento do cavaleiro

Montado em seu cavalo, um viajante passava pela cidade de Aparecida, quando viu inúmeros romeiros caminhando em direção à basílica da cidade.

De forma desrespeitosa, ele começou a zombar da fé daquele povo, dizendo que não acreditava em nada que contavam sobre Nossa Senhora e que iria entrar na basílica montado em seu cavalo, pois nada o impediria de chegar até o altar.

Certo de sua intenção, o cavaleiro começou a subir orgulhosamente os degraus da escada da basílica, quando de repente percebeu que a pata de seu cavalo ficou presa a uma pedra da escadaria e que, a partir dali, não conseguiria dar mais nenhum passo para dentro da igreja.

Desconsertado, diante do olhar de todos os romeiros, o cavaleiro desceu de seu cavalo.

Arrependido, entrou na igreja e, de joelhos, pediu perdão a Nossa Senhora por seu desrespeito a ela e pela zombaria da fé das outras pessoas.

Nesse momento, o cavaleiro sentiu-se amorosamente abraçado pela Mãe Aparecida. A sensação foi tão forte, que ele saiu da igreja abraçando todos os romeiros que encontrava, chamando-os de irmãos.

Afinal de contas, qual mãe não acolhe um filho arrependido, que vem pedir seu perdão?

Que tal se perguntar...

O que faço quando descubro que cometi um erro ou machuquei alguém?

A gratidão da princesa

Aconteceu que a princesa Isabel, filha do imperador Dom Pedro II, não conseguia ter filhos, e isso lhe causava muita dor e solidão; além do mais, sem ter filhos ela não teria herdeiros para seu trono.

Sabendo então das histórias milagrosas, a respeito de Nossa Senhora, depositou nela toda a sua fé e devoção.

Foi então que a princesa pediu à Mãe do Céu que intercedesse ao Senhor para que ela recebesse a graça de ser mãe. Assim fez questão de ir pessoalmente à Basílica de Aparecida, para conhecer a imagem encontrada pelos pescadores e levar para ela um manto todo bordado com fios de ouro.

Alguns anos se passaram até que a princesa Isabel recebeu a bênção de ser mãe.

Isso fez com que ela voltasse à Basílica muito agradecida, com toda a sua família, levando uma cópia em miniatura de sua própria coroa, toda em ouro e diamantes, para coroar a pequena imagem, reconhecendo Nossa Senhora como verdadeira Rainha do Brasil!

Certamente, esse laço de fé e gratidão colocou a princesa Isabel a serviço da Mãe e Rainha do Céu.

Anos depois, a princesa assinou a Lei Áurea, acabando com a escravidão no Brasil.

Foi o milagre mais esperado de todo o Brasil!

Pensando bem...

A princesa voltou para agradecer a Nossa Senhora a graça que recebeu!

E você, tem agradecido as bênçãos recebidas em sua vida?

VOCABULÁRIO

Arrependido: sentir que fez algo que não foi bom e querer mudar para melhor.

Basílica: igreja central de uma região.

Capatazes: homens que vigiavam e buscavam os escravos que fugiam.

Devoto: admirador, seguidor.

Enegrecida: escurecida, algo que era claro e escureceu.

Gratidão: perceber o bem que recebeu.

Herdeiros: pessoas que recebem um bem por herança.

Honraria: respeito, privilégio.

Interceder: pedir algo por alguém.

Meditação: concentração, focar a atenção.

Milagres: são acontecimentos surpreendentes, incríveis, inexplicáveis, vindos de Deus.

Missão: tarefa, função.

Obstáculos: impedimentos, empecilhos.

Padroeira: aquela que nos oferece proteção. A diferença entre o padroeiro e os outros santos é que o padroeiro é escolhido quando há uma forte ligação entre sua história e a história de um povo.

Reflexão: pensar bem sobre um assunto.

Rifle: arma, espingarda, fuzil.

Rogar: pedir, suplicar.

Romeiros: são os viajantes da fé, pessoas que viajam para um lugar santo, a fim de, rezar ou agradecer uma graça alcançada.

Santuário: igreja dedicada ao padroeiro de um lugar, onde há grande número de visitantes e celebrações.

Senzala: alojamento, local onde os escravos ficavam presos.

Zombar: ridicularizar, fazer chacota, caçoar.

Referência bibliográfica

Brustolini, Júlio J. *História de Nossa Senhora Aparecida, sua imagem e seu santuário.* Editora Santuário, 1998.

Sobre a Autora

Goretti Dias

Psicóloga clínica e escolar, formadora e contadora de histórias bíblicas para crianças. Vive na cidade de João Pessoa, onde é catequista, na Paróquia de Santo Antônio do Menino Deus.

Empenhada em promover a aproximação da Bíblia e da espiritualidade na vida das crianças, dedica-se à constante atualização de métodos evangelizadores, como o Bibliodrama Pastoral pela formadora Loredana Virgini (Itália).

É autora da "Bíblia para Crianças", em 2019, e "Missa para Crianças", em 2020, lançadas pela Editora Santuário e pela Editora Paulus de Portugal, e da "A história de Nossa Senhora Aparecida para colorir ou bordar", publicada pela Editora Santuário, em 2022.

Facebook: Goretti Dias Autora
Instagram: @gorettidiasautora
Site: www.gorettidias.wixsite.com/autora

Sobre a Ilustradora

Veruschka Guerra

Ilustradora, artista plástica e bordadeira paraibana.

Desde a infância tinha o sonho de trabalhar com livros para crianças, que as ajudassem a cultivar a paz, tão necessária aos corações.

Lecionou artes plásticas durante 14 anos, estudou ilustração infantil, na Itália, e foi indicada, na categoria "Ilustração de Livro Infantil e Juvenil", ao Prêmio Jabuti, por seu primeiro livro autoral "O Sonho de Karim".

Tem imagens publicadas em mais de 45 livros, além de capas, quebra-cabeças e produtos de papelaria no mundo todo.

Utilliza diversas técnicas para ilustrar, tais como aquarela, acrílica, lápis de cor, nanquim, pastel, colagem e bordado.

Instagram: @veruschkaguerra
Site: www.veruschkaguerra.com